MAURICE BARRÈS

De l'Académie Française

Un Discours à Metz

(15 Août 1911)

TROISIÈME MILLE

PARIS
ÉMILE-PAUL, ÉDITEUR
100, RUE DU FAUBOURG SAINT-HONORÉ, 100
PLACE BEAUVAU

1911

Prix : *1* franc.

Un Discours à Metz

JUSTIFICATION DU TIRAGE

2.463

MAURICE BARRÈS

De l'Académie Française

Un Discours à Metz

(15 Août 1911)

PARIS
ÉMILE-PAUL, ÉDITEUR
100, RUE DU FAUBOURG SAINT-HONORÉ, 100
PLACE BEAUVAU

1911

Mes bien chers
Compatriotes lorrains,

Une fois encore, tous ensemble, d'un seul cœur, nous venons d'aller sur les champs de bataille honorer ceux qui sont tombés pour la défense du sol. Après quarante ans, des quatre coins de l'horizon, des cortèges d'hommes, de femmes, d'enfants, les yeux pleins de larmes, non par faiblesse, mais par enthousiasme, se sont rendus sur les espaces de Spickeren, de Saint-Privat, de Borny, de Noisseville, de Gravelotte et de Mars-la-Tour, pour remercier les morts, pour entendre leurs conseils et pour leur jurer fidélité. Dans la vieille église Notre-Dame, chacun de nous a fait pour eux la prière qu'il sait faire, la sainte prière des catholiques, la prière des protestants, la prière aussi de celui qui ne connaît pas l'objet de ses vénérations, mais que le culte du sacrifice consenti par des héros agenouille avec ses frères les croyants. Et puis, nous sommes allés au cimetière de Chambière porter nos couronnes et nous incliner très bas devant les nobles femmes de Metz qui, après avoir consolé nos soldats mourants, entretiennent leurs tombes.

Merci, noble nation lorraine ; soyez remerciés vous tous, Messieurs, qui constituez le cadre de cette immense armée du souvenir et qui maintenez cette religion des morts, où l'on doit voir l'honneur et la sauvegarde de l'âme de cette terre.

De quel droit le moins méritant de vous tous ose-t-il se lever au milieu de cette élite alsacienne et lorraine? Voilà des années que je viens en pèlerinage sur les ossuaires glorieux, mais jamais ni à Metz, ni à Strasbourg, il ne m'était venu à l'idée que je pusse être pour vous autre chose qu'un témoin de votre constance. Aujourd'hui, si je prends la parole, c'est pour vous obéir, car je suis le serviteur de votre volonté, et parce que vous désirez que je vous dise ce que l'on pense de vous en France.

Ah ! vous la connaissez bien, la pensée de la France à votre égard, mais vous aimez la réentendre comme nous aimons vous la redire. C'est un plaisir magnifique de nous plonger tous ensemble dans le même flot de sentiments ; nos âmes s'émouvront toujours d'entendre le beau dialogue français alsacien-lorrain, ce cantique aux strophes alternées, où l'éloge pieux de nos pères s'allie au serment de maintenir une haute civilisation. Et pourquoi nous priverions-nous de cette douceur d'exprimer notre plus profonde pensée ? La grande Allemagne ne peut s'en étonner, l'Allemagne de Goëthe et de Schiller qui, par la voix de ses meilleurs génies, a toujours célébré ce qu'il y a de pur et d'instinctif au fond de l'âme des individus et des peuples.

Depuis quarante ans, la pensée la plus fidèle de la France est tournée vers Metz et Strasbourg. Nos yeux ne vous quittent pas. Et ce n'est pas, grand Dieu! pour vous juger. Il ne viendrait à l'esprit d'aucun de nous de juger vos actes du point de vue français et de nous mêler de vos affaires avec l'Allemagne. Vous êtes, par notre faute, dans une situation déterminée, et quelque chose qu'il vous plaise de faire pour l'alléger, nous n'avons pas à le discuter. Non, nous ne vous jugerons jamais! Si nos yeux sont tournés vers vous, c'est simplement que nous vous aimons.

Nous vous aimions quand vous étiez tristes, et dans cette longue période que l'on peut dire mystique où, réfugiés dans l'ombre de votre cathédrale, vous continuiez de voir avec les yeux de l'esprit la campagne autour de Metz inondée du sang le plus misérablement récompensé, et la route de France couverte, aussi loin que l'œil peut aller, par l'exode de vos concitoyens. Nous vous aimons maintenant que vous êtes superbes et gais, maintenant que les sonneries de vos clairons réveillent avec allégresse les rues de la vieille cité rajeunie, et que les éclats de rire joyeusement railleurs des jeunes Messines retentissent de l'atelier jusque dans les salles du Tribunal civil.

Votre tristesse était sainte, votre gaieté nous est sacrée : c'est l'alouette gauloise qui surgit des champs où la moisson a recouvert les ossuaires. Sous des masses étrangères, ni votre courage, ni votre vive humeur ne se sont laissé étouffer ; vous avez conservé la traditionnelle allégresse du soldat lorrain et vous n'avez pris au malheur que ce qui pouvait vous donner plus de profondeur et de dignité. Vivez, durez, persistez, restez pareils à vous-mêmes. Il suffit que vous demeuriez et que vous demeuriez la tête levée. A vous voir tels, nous sommes remplis d'orgueil et de joie ; nous vous admirons tous unanimement.

Vous savez qu'en France, sur tous les sujets, nous sommes profondément divisés : c'est notre vieux défaut national ; c'est une maladie dont nous avons toujours souffert et dont nous nous sommes toujours guéris. Quand il y fallait un miracle, eh bien ! une jeune paysanne de Lorraine s'en chargeait. Vive la Lorraine ! C'est toujours elle qui rétablit l'unité française. S'il s'agit de vous, il n'y a plus qu'un sentiment, une seule voix, un seul peuple. A chaque fois que vous êtes en cause, nos partis ne

disputent plus que pour savoir lequel
d'entre eux vous aime le mieux. Monar-
chistes, progressistes, nationalistes et
radicaux ont dans leur tradition politique d'être bons Alsaciens-Lorrains, et
leurs jeunesses s'en vont, chaque année,
à l'exemple de la Ligue des Patriotes,
dans une émouvante procession, depuis
le quartier latin, porter des fleurs à la
statue de notre sainte compatriote Jeanne
d'Arc. Enfin, nos socialistes eux-mêmes
savent trouver pour vous le mot juste et
l'accent vrai, et l'autre jour j'ai applaudi,
avec toute la Chambre et de bien bon
cœur, Jaurès qui, voulant exprimer la
force invincible des liens que la nature
a créés entre nous, s'écriait : « L'Alsace

et la Lorraine sont comme ces arbres qu'on peut séparer par une muraille de la forêt, mais qui, par les racines profondes, vont rejoindre sous la muraille de l'enclos les racines de la forêt primitive. »

Voulez-vous un autre signe de cette unité de sentiments que vous recréez chez tous les Français? Je le trouve dans la vogue que l'on constate chez nous pour la littérature alsacienne et lorraine, vogue qui, loin de s'affaiblir, va chaque jour grandissant. Il n'y a pas de semaines que d'importants ouvrages ne vous soient consacrés. Pardonnez-nous si nous ne savons pas toujours décrire la position tragique et la noblesse morale de Metz et de Strasbourg avec la hauteur de pensée qui conviendrait. Mais chacune de ces œuvres vous montre avec évidence que l'auteur a voulu éveiller dans tous les cœurs l'idée de la plus haute noblesse. A toutes les époques, le long des siècles, notre imagination s'est complu à créer des types qui concentrent en eux toutes les qualités dont chaque génération compose son idéal : Nous avons eu Roland, Garin le Loherrain, puis Bayard, puis l'honnête homme selon le dix-septième siècle. Aujourd'hui nous cherchons à rassembler tous nos rêves de générosité dans un Alsacien-Lorrain. En vérité, nous assistons là à la création spontanée d'une merveilleuse chose, d'une chose qui est en conformité profonde avec la nature de votre terre et le drame de vos âmes, à la création d'un beau mythe. Il nous semble voir flotter au-dessus de l'Alsacien-Lorrain le génie de Rome et celui de la Gaule, Vercingétorix et César.

Et comme toujours nos littérateurs, nos politiques ne font que traduire le sentiment populaire. Quand nous avons commencé d'avoir des soldats volants, ce qui nous a fait le plus de plaisir, c'est qu'on nous a dit que vous avez couru pour les voir dans les airs, avec une grande amitié joyeuse et que vous avez chanté : « C'est un oiseau qui vient de France. » Chaque fois que nous avons eu une satisfaction nationale, chaque fois qu'il y a un de nos soldats qui montre un sublime courage, nous disons immédiatement : « Çà doit faire très bon effet en Alsace et en Lorraine. » D'ailleurs il arrive le plus souvent que ce héros est un Lorrain ou bien un Alsacien. Qu'elle est longue la liste de ceux d'entre vous qui sont morts pour la France depuis 1871 ! Les capitaines Fiegenschuh et Petitjean frappés hier au champ d'honneur se confondent dans notre reconnaissance avec ceux qui sont tombés à la première heure en 1870 et dont nous évoquions dimanche le souvenir au cimetière de Forbach.

Les années passent, et notre fraternité

3

se resserre. Nos fils et vos fils ne se sont jamais vus, ils se ressemblent et ils s'aiment. C'est quelque chose de mystérieux que ce rythme qui soulève dans la même cadence notre jeunesse et la vôtre. Il y a dix ans, c'était chez nous un triste repos et comme un assoupissement de l'âme. Mais, Dieu merci ! nos jeunes gens et jusqu'à nos collégiens sont pareils aux vôtres, dignes des vôtres. Allons, camarades, tout va bien !

Depuis trois jours de pèlerinage, nous lisons sur les tombes les terribles inscriptions du deuil, mais à chaque fois je les complétais d'instinct par une phrase qu'il y faudrait graver et qu'un jour j'ai lue sur une tombe, dans un cimetière de la Lorraine heureuse : « Qu'il soit béni celui qui posa l'espérance sur les tombes. »

Quel beau mot et qui nous vient spontanément sur les lèvres comme une prière, comme un remerciement. Une pareille image empruntée à la religion n'est pas déplacée au soir des journées que nous venons de passer. Après de telles émotions et quand le crépuscule tombe sur les monuments du souvenir, on se surprend tout naturellement à chercher ce qu'il y a de plus noble et de plus haut pour y placer les senti-ments qui remplissent nos cœurs et que nous reconnaissons comme la part la plus sacrée de notre être ; on aspire à se hausser vers la plus grande des idées que proclame l'humanité pour y mettre, comme dans un tabernacle, ses souvenirs et ses espérances.

Attachons-nous à cette vertu d'espérance. Et puisqu'ayant à parler, dans Metz, de la France, je me suis imposé de n'y rien dire que je ne puisse penser en présence d'un digne Allemand, et par exemple d'un Goëthe, c'est à celui-ci que j'emprunterai le mot par lequel je veux clore et résumer tout ce que nous avons éprouvé au cours de ces trois journées. Oui nous prendrons pour mot d'ordre le beau mot de Goëthe dans le deuil : « Allons ! par-dessus les tombeaux, en avant ! »

En avant! Ayons confiance dans la puissance de la vie, dans la vie qui s'exhale du tertre des héros. C'est une vie plus forte qu'aucune politique. Bien que la politique soit la grande maîtresse de la destinée des peuples, elle ne parvient pas aisément à s'introduire dans les consciences pour y commander les pensées, et ce n'est pas sur elle que se règlent les mouvements du cœur. C'est notre sang qui règle notre cœur. Le sang lorrain ne se laisse pas aisément dénaturer. En Lorraine les filles sont chastes et moqueuses, bien incapables de déchoir; elles veulent mettre au monde des petits garçons tout pareils à ceux qu'étaient nos pères, à ceux que nous

étions nous-mêmes, quand nous gran-
dissions sur les rives de la Seille et de la
Moselle.

En avant ! La Lorraine est célèbre
dans l'histoire des nations pour avoir eu,
mieux qu'aucune autre, le culte des
morts. Ils le prouvent bien, ces villages
messins dont chacun a recueilli dans un
monument les soldats tombés sur son
territoire. Mais ne laissons pas se dimi-
nuer la vertu de notre piété funèbre.
Nous n'allons pas nous asseoir sur les
tombes, comme des femmes d'Orient,
pour gémir. Les morts de 70 n'ont
jamais pleuré. C'étaient des braves,
c'étaient les vainqueurs d'Algérie, de
Crimée, d'Italie. Quand nous allons au-

près d'eux, comme aujourd'hui, par troupes fidèles, c'est pour recueillir leur esprit. Avec nos souvenirs nous formons des espérances, et de nos morts dans leurs linceuls pareils à des chrysalides, mille sentiments ailés s'envolent. Car c'est ici que d'âge en âge retentissent les vieilles devises, tous ces grands cris de vigueur et de confiance indéterminée : *Hic, ad hoc, spes avorum... Non inultus premor... C'non po to jo...,* qui sont l'âme de notre nation.

IMPRIMERIE CHAIX, RUE BERGÈRE, 20, PARIS. — 16512-8-11.

OEUVRES DE MAURICE BARRÈS

Collection à **3** fr. **50** c.

LE CULTE DU MOI

* SOUS L'ŒIL DES BARBARES . . . . 1 vol.
** UN HOMME LIBRE . . . . —
*** LE JARDIN DE BÉRÉNICE . . . . —

LE ROMAN DE L'ÉNERGIE NATIONALE

* LES DÉRACINÉS . . . . 1 vol.
** L'APPEL AU SOLDAT . . . . —
*** LEURS FIGURES . . . . —

LES BASTIONS DE L'EST

* AU SERVICE DE L'ALLEMAGNE . . . . 1 vol.
** COLETTE BAUDOCHE, histoire d'une jeune fille de Metz . . —

L'ENNEMI DES LOIS . . . . 1 vol.
DU SANG, DE LA VOLUPTÉ ET DE LA MORT . . . . —
AMORI ET DOLORI SACRUM (*La Mort de Venise*) . . . . —
LES AMITIÉS FRANÇAISES . . . . —
LE VOYAGE DE SPARTE . . . . —

HUIT JOURS CHEZ M. RENAN. Une brochure in-32 . . . . . Prix 1 fr.
TROIS STATIONS DE PSYCHOTHÉRAPIE. Une brochure in-32 . — 1 fr.
TOUTE LICENCE SAUF CONTRE L'AMOUR. Une brochure in-32 . — 1 fr.
ADIEU A MORÉAS. Une brochure in-8° . . . . — 1 fr.

UNE JOURNÉE PARLEMENTAIRE. Comédie de mœurs en trois
  actes . . . . Prix 2 fr.

PARIS. — IMPRIMERIE CHAIX. — 16596-8-11. — (Encre Lorilleux).

www.ingramcontent.com/pod-product-compliance
Ingram Content Group UK Ltd.
Pitfield, Milton Keynes, MK11 3LW, UK
UKHW022237070726
13613UKWH00004B/1984